L'Afrique actuelle

ÉTUDE COLONIALE

PAR

Achille DELAVAL

Secrétaire de la Société Académique du Nivernais
Officier de l'Étoile d'Anjouan

———— ❦ ————

NEVERS

LIONEL GOURDET, IMPRIMEUR-ÉDITEUR
10, Rue Saint-Didier, 10

1896

L'Afrique actuelle

ÉTUDE COLONIALE

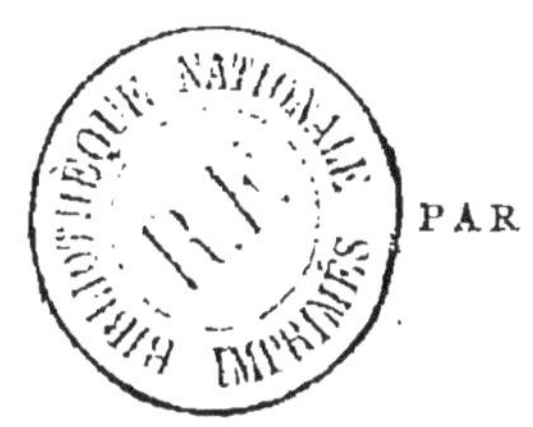

PAR

Achille DELAVAL

Secrétaire de la Société Académique du Nivernais

Officier de l'Etoile d'Anjouan

———❦———

NEVERS

LIONEL GOURDET, IMPRIMEUR-ÉDITEUR

10, Rue Saint-Didier, 10

1896

L'AFRIQUE ACTUELLE

Etude Coloniale

Par Achille DELAVAL

Lorsque, le 14 Juin 1830, l'escadre française, en réponse à l'insulte faite à notre
représentant par le Dey d'Alger, débarqua
à Sidi-Ferruch l'armée du général de Bour-
mont, nul ne prévoyait les conséquences
immenses qu'aurait cette expédition, ni le
rôle qu'elle était destinée à jouer dans
l'existence future du continent africain.

A cette époque, l'Afrique se posait
encore sur la carte du globe comme un
gigantesque point d'interrogation.

Sa partie septentrionale, qui jouissait
sous la domination romaine d'une civilisation avancée, était retombée depuis de
longs siècles dans les ténèbres de la barbarie, et, livrée aux horreurs combinées du
despotisme, de l'esclavage et de la piraterie,
elle n'était pour les nations européennes
qu'un sujet de terreur et d'éloignement.

Quant au reste du continent, il offrait
un redoutable problème. Ses côtes, découvertes seulement depuis trois siècles,

étaient à peine connues, et les établissements qu'y avaient fondés les Espagnols et les Portugais au XVe siècle, les Anglais et les Français aux XVIIe et XVIIIe, étaient les uniques liens qui les rattachaient aux peuples occidentaux. Les immenses territoires de l'intérieur restaient pour tous un monde inconnu et mystérieux, sur lequel les descriptions de quelques missionnaires portugais jetaient seules, de temps à autre, un peu de lumière.

La conquête de l'Algérie, en livrant à la France un morceau de la terre africaine, et en ouvrant ainsi une première porte sur les vastes espaces du continent noir, attira tout d'abord l'attention générale sur ce continent. Puis, bientôt, l'aspect nouveau que la domination française parvint à donner à l'Algérie, et la manière dont elle sut faire de quelques nids de pirates un des plus beaux fleurons de notre couronne coloniale, firent entrevoir l'avenir réservé à une partie du globe jusqu'alors dédaignée des nations colonisatrices.

Alors s'ouvrit une période de voyages et de découvertes.

Les vastes contrées équatoriales furent parcourues par de hardis explorateurs de toutes nationalités, avides de dérober le secret des territoires les plus riches et les mieux peuplés, et d'y assurer à leur pays, dans l'avenir, une influence prépondérante.

Cameron, Livingstone, Speke, Baker, Burton, pour l'Angleterre ; Galliéni, Soleillet, Mage, de Brazza, Marche, Pinet-Laprade, Monteil, pour la France ; Wissmann,

Barth, Vogel, Nachtigal, Brenner, pour l'Allemagne ; Pinto, Ivens et Capello pour le Portugal ; Giutetti, Vinco, Piaggia et Antinori pour l'Italie, furent les principaux ouvriers de cette œuvre patriotique.

Le résultat de leurs aventureuses recherches fut la constatation que, d'une part, le continent africain offrait à l'Europe un vaste champ de colonisation et d'expansion commerciale, et que, de l'autre, ses divisions politiques. multipliées à l'infini et dépourvues en outre de toute organisation, ne pouvaient opposer aux prises de possession qu'une résistance négligeable.

A dater de ce moment, les Etats européens se préparèrent à l'assaut et au démantèlement de l'immense forteresse africaine, et alors commença pour ce continent ce morcèlement lent, mais continu, qui fait tomber peu à peu les lambeaux de son vaste domaine sous la domination occidentale, et que le siècle prochain verra se consommer définitivement.

Un peu plus tard, après les événements de 1866 à 1871, l'ère de tranquillité qui s'ouvrit pour l'Europe vint donner à la politique des expansions coloniales une nouvelle et ardente recrudescence.

On pensait, en effet, trouver dans les contrées ainsi conquises et soumises à la civilisation un écoulement au trop-plein de l'activité de la mère-patrie.

C'est un fait économique aujourd'hui reconnu que les populations européennes, du moins celles du centre, souffrent d'une pléthore qui pourrait, à la longue, devenir un danger permanent, et à laquelle il est nécessaire d'apporter un remède.

La vieille Europe étouffe dans son étroite ceinture, et elle est contrainte de chercher dans des contrées lointaines des débouchés à sa débordante et incessante activité.

De ces diverses considérations est née la politique coloniale, qui règne désormais en maîtresse sur l'Europe, et pour laquelle les nations s'imposent des sacrifices de jour en jour plus considérables.

L'Amérique, qui servait autrefois d'annexe aux nations latines, leur est aujourd'hui fermée par sa constitution en Etats puissants, unis sous la doctrine de Monroë, et aussi par l'évolution économique qu'elle a subie depuis quelques années ; l'Asie, sauf les quelques sables déserts de l'Arabie, ne prête aucun champ à l'expansion européenne ; seule l'Afrique reste ouverte à l'esprit de conquêtes qui souffle actuellement sur les peuples ; aussi ses vastes espaces, où peuvent se mouvoir sans chocs les armées occidentales, sont-ils fatalement destinés à leur servir de théâtre.

Dans cette marche continue vers un but constant, dans cette lutte entre l'ancien monde et le monde nouveau, l'issue n'est pas douteuse, et, quoi qu'en pensent les auteurs pessimistes, l' « invasion noire » n'est pas près de se déverser sur le vieux continent. Si, dans les temps futurs, une perturbation de cette nature venait troubler la face du globe, c'est de l'Orient et non du Sud, selon toute probabilité, qu'elle émanerait.

La situation des peuples asiatiques, dont les uns, engourdis dans une civilisation millénaire, mais intelligents et braves, peuvent être mis par leurs voisins à la hauteur des progrès actuels, offre dans l'avenir un danger sérieux pour les populations occidentales.

Qui sait si, dans le bouleversement immense qui résulterait d'un pareil déplacement de peuples, l'Afrique, alors soumise entièrement à la domination européenne, ne deviendrait pas le lieu d'asile de ses habitants, refoulés hors de leurs territoires.

Les évolutions successives de la civilisation à travers le monde ne sont dues qu'au perpétuel renouvellement de ces migrations de races, et nul ne peut prévoir l'avenir réservé à des espaces quelconques, aujourd'hui vierges ou trop peuplés.

L'Afrique elle-même en offre un exemple, et les ruines naguère découvertes en plein intérieur du continent, dans le Matabéléland, prouvent que ces contrées, aujourd'hui à peine connues de nous, ont été autrefois habitées par la race blanche.

Mais, pour le moment, cette question de l'immigration européenne en Afrique ne saurait que faire l'objet d'une digression spéculative ; ce qui est certain, tangible, c'est la poussée formidable qui, depuis quelques années, lance les nations européennes à la conquête de ces vastes contrées et à leur rénovation civilisatrice.

Dans cette expansion générale, les diverses puissances ont mis en œuvre tous les éléments de succès que leur offraient leur tempérament et leur génie national. Aussi, la lutte devenant de jour en jour plus ardente, les gouvernements ont dû prévenir les inconvénients qui pouvaient résulter de la diversité des moyens d'action, et éviter des contacts dangereux.

Dans ce but, des accords sont intervenus entre eux, réglant le plus rigoureusement possible les limites de leurs prises de possession éventuelles, et la part de territoires laissée à la disposition de chaque nation a formé la « zône d'influence » où elle peut opérer à sa guise pour activer son expansion.

Mais certaines contrées, considérées comme étant déjà des Etats constitués et soumis à une domination effective, restent en dehors de ces arrangements internationaux. Vis-à-vis de celles-ci, les nations européennes, n'étant plus liées entre elles, restent libres d'agir au gré de leur puissance et de leurs désirs, et leur diplomatie sait trouver dans les événements intérieurs des pays convoités les prétextes nécessaires pour motiver leur intervention.

L'Angleterre est passée maîtresse dans cette question des interventions ; partout où des intérêts britanniques sont ou paraissent engagés, on la voit accourir de toute la vitesse de ses flottes formidables, et poser sur le pays une lourde main qui ne lâche plus sa proie.

Cette manière d'opérer lui a réussi maintes fois, et c'est grâce à elle que bien des territoires ont dû lui être abandonnés : Gibraltar, cette clé de la Méditerranée ;

Chypre , dernier morceau brutalement arraché à l'antique domaine royal des Lusignan, et tant d'autres lambeaux, ont été le prix des « bons offices » du gouvernement anglais ; et il a fallu les événements du Vénézuela pour mettre fin aux déprédations dues à ce système.

En Afrique, l'Angleterre a agi avec les mêmes procédés et obtenu les mêmes résultats. Ses campagnes d'Egypte et d'Abyssinie, dont la première date de 1866, ont été les manifestations d'une politique soutenue ayant pour but la main-mise sur l'Egypte et le canal de Suez. Aujourd'hui elle a réussi, après de rudes efforts, à s'y implanter ; ses bataillons campent dans la vallée du Nil, et le Khédive, pauvre jeune souverain assoiffé de liberté mais réduit à l'impuissance, est placé de gré ou de force sous la protection de ses baïonnettes.

L'Egypte à peine conquise — de fait sinon de droit — l'Angleterre veut prolonger son influence dans le Sud de ce pays, vers le Haut-Nil et le Soudan ; à l'heure actuelle, une nouvelle expédition se dirige vers Dongola et l'intérieur mystérieux du Kordofan, sous le prétexte de refouler une invasion possible des Derviches dans la haute Egypte.

Cette expédition de Dongola n'est d'ailleurs qu'un des coups que le gouvernement insulaire joue incessamment sur l'échiquier africain. Le but, le rêve caressé de celui-ci, c'est la possession d'une bande de territoire ininterrompue allant du Cap à Alexandrie.

L'Inde et ses millions d'habitants, qui alimentent sa richesse ; l'immense Canada, où elle peut déverser son activité, ne lui suffisent pas ; il lui faut un empire africain d'une royale ampleur, et ce n'est pas trop pour le former de toute la partie orientale du continent. Les inépuisables mines d'or et de diamants du Transwaal et du Béchouanaland, les richesses naturelles du Mozambique et du Haut-Congo, les cités enchantées des bords du Nil, jadis témoins des fastes des Pharaons, seront les joyaux de cette nouvelle couronne.

Malheureusement pour l'ambition anglaise, entre la coupe et les lèvres il y a loin, et les diverses populations ou Etats constitués compris dans les territoires qu'elle convoite semblent peu disposés à se laisser ainsi englober : les événements du Transwaal, où l'avant-coureur Jameson a subi un désastre complet, les pertes subies naguère au Zoulouland, les épreuves amoncelées dans les diverses expéditions abyssiniennes, sont des preuves manifestes des difficultés rencontrées, et le jour est loin encore où le drapeau britannique flottera sur un empire est-africain.

D'ailleurs, l'Afrique nord-orientale semble désignée pour résister le plus longtemps aux coups redoublés de l'invasion européenne, et les causes de cette puissance de résistance sont tangibles pour tout autre que pour des gouvernants avides de conquêtes et de lauriers.

Si la race arabe de la basse Egypte, grâce à son indolence doublée du fatalisme musulman, offre une résistance presque nulle à l'envahisseur, il n'en est pas de même de la race nubienne, qui peuple les plateaux élevés du Tigré et du Choa.

Cette race, remarquable sous tous les rapports, jouit d'une civilisation assez avancée, et son intelligence la met à même de se tenir à la hauteur des progrès du siècle. L'organisation politique qu'elle possède et qui la garantit contre les embûches de la diplomatie européenne, l'orgueil né de l'antiquité de ses origines et de son rôle dans le passé, sa valeur militaire éprouvée, les sentiments d'humanité qu'elle puise dans ses croyances chrétiennes et qui enlèvent tout prétexte à des représailles, enfin la nature et les difficultés de son sol, tout la défend, au physique comme au moral, contre les entreprises étrangères.

L'Italie, qui a éprouvé à plusieurs reprises des désastres où ont sombré à la fois son orgueil et sa puissance militaire, en a fait, elle aussi, la dure expérience; Dogali (1884); Amba-Alaghi. Adoua (1895-96) sont les étapes sanglantes de cette lutte entre un envahisseur ambitieux et un peuple défendant son indépendance. Aujourd'hui, déçue et humiliée, l'Italie voit son traité d'Ucciali, qui devait lui livrer l'entrée de l'Afrique centrale, déchiré par le Négus triomphant, et refoulée dans les limites du territoire de Massaouah, elle ne peut plus espérer que de s'y maintenir.

Mais toutes les nations, heureusement, n'ont ni la même ambition démesurée et irréfléchie, ni les mêmes procédés belliqueux; d'autres ne cherchent dans les conquêtes africaines que des débouchés nouveaux à leur activité nationale, et un mode d'emploi des forces vives qui ne peuvent trouver chez elles un terrain favorable à leur mise en valeur.

C'est ainsi, d'ailleurs, que doit être comprise la politique coloniale, et tout ce qui s'écarte de cette manière de voir est condamné à l'impuissance et au désastre final.

La Belgique, le Portugal, la France, ont compris le beau côté du rôle des nations colonisatrices ; aussi semblent-elles seules appelées à jouir en Afrique d'une situation définitive, et à y exercer une influence civilisatrice qui rénovera complètement le continent noir dans un avenir peut-être proche de nous.

La France, que nous pouvons citer tout d'abord puisqu'elle a été à la fois la première et la mieux partagée dans ce rôle colonisateur, aura éternellement pour elle, devant l'histoire, cette page glorieuse de l'abolition de l'esclavage.

Dès la prise de possession de ses diverses colonies, elle a tendu de toutes ses forces vers ce noble but, et c'est à son instigation que les puissances européennes ont également combattu dans leurs colonies cette horrible coutume.

Créée par les premiers émigrants portugais pour satisfaire leur cupidité, la traite a été pendant longtemps la plaie rongeuse de l'Afrique ; aujourd'hui même, malgré des efforts incessants, elle étale toujours ses horreurs dans l'intérieur du continent et jusqu'aux portes des habitations européennes. Cinquante ans après la proclamation de son abolition, il faut travailler encore à l'extirper du sol. Lavigerie a continué l'œuvre commencée par le gouvernement de 1848 ; après lui, le cardinal Perrault s'en fait en Europe l'apôtre zélé, et la France garde ainsi le monopole de cette sublime et écrasante tâche.

L'abolition de l'esclavage, qui a affranchi les populations africaines, a été la première assise du relèvement moral de ces populations ; pour une fois, la philanthropie et l'intérêt personnel se sont ainsi trouvés d'accord, car la suppression de la traite est peut-être l'élément le plus sérieux du succès définitif de la France en Afrique.

Comme le dit M. de la Brugère : « les peuplades tombées au dernier degré de l'échelle humaine ne sont pas condamnées par leur nature morale à une éternelle barbarie. Une observation profonde de ces malheureux, si longtemps abrutis et décimés par la hideuse traite, a fait connaître leurs vertus et leurs dispositions à s'instruire et à imiter nos arts, et à devenir ainsi de fidèles et précieux alliés. » (1).

C'est donc à cette pensée humanitaire que le Sénégal, le Dahomey, le Soudan, le Congo, Madagascar, ainsi que les possessions du Mozambique, où le Portugal a suivi l'exemple de la France, et les autres colonies européennes où la traite est abolie, devront leur entrée dans la vie civilisée.

---

(1) *Atlas Universel.* — Introduction.

Mais il ne suffit pas de rendre un peuple libre, il faut lui apprendre à jouir de cette liberté, et c'est là où commence la tâche de ceux que la confiance des gouvernements place à la tête des colonies.

Refaire, en ce qui concerne la France, l'historique des réformes de toutes sortes accomplies dans ce but par nos gouverneurs ou résidents serait recommencer la genèse de nos possessions. Bugeaud, en Algérie, Faidherbe, Archinard, au Sénégal; Roustan, en Tunisie ; de Brazza, Bayol, Ballot, dans l'Afrique centrale ; Soleillet, Lagarde, à Obock, sont connus universellement par leurs qualités d'administrateurs. Sous leur impulsion, les routes se créent, les chemins de fer se construisent, les ports se creusent, la sécurité renaît ; avec elle tout s'ouvre au commerce et à l'industrie humaine, et enfin la colonie naissante, complètement organisée, est prête à apporter son contingent de vitalité et de ressources à la métropole.

Peu à peu, par suite des échanges commerciaux, des relations amicales entretenues avec les peuples voisins et leurs chefs, des éléments nouveaux offerts à leur activité, l'influence française grandit dans leur esprit en leur donnant le désir de s'y soumettre, et bientôt les limites primitives de la colonie s'élargissent, découvrant d'autres horizons.

C'est ainsi que se sont constitués en quelques années, par la seule puissance moralisatrice de la France et de ses représentants, ces immenses empires coloniaux du Gabon, du Congo, du Sénégal et du

Soudan, et cette annexe importante du Tadjourah.

Des expéditions peu meurtrières et d'un but tout pacificateur nous ont donné le Dahomey et le Sud-Oranais, ont établi notre suprématie sur cette belle Tunisie, tant désirée par nos rivaux, ont assuré enfin notre sécurité et notre influence sur les espaces sahariens, berceau futur de la mer intérieure.

En même temps que la France, la Belgique déploie dans la constitution d'un empire colonial une vigueur et une sûreté de méthode qui font l'étonnement des peuples moins heureux quoique plus forts.

S'étendant près l'un de l'autre et se coudoyant fraternellement comme leurs mères patries, le Congo belge et le Congo français sont nés d'un même système d'extensions pacifiques, ont grandi côte à côte et ont vu se développer parallèlement leur organisation, leur commerce et leur agriculture.

Les débuts ont cependant été plus pénibles pour nos voisins que pour nous, et S. M. Léopold II, dont l'expansion belge-africaine est la grande pensée, a dû être découragée souvent par les difficultés de cette création ; aujourd'hui enfin, son énergie a triomphé, et l'État indépendant du Congo, enfanté par son énergique volonté, voit son drapeau flotter librement sur l'Afrique centrale.

Le Portugal, lui aussi, mettant à profit les qualités colonisatrices qui lui valurent jadis la possession de la moitié du globe, a étendu ses possessions africaines.

Délaissant sur la côte Ouest la colonie d'Angola, où il ne possède guère à l'intérieur qu'une autorité nominale, et dont les territoires du littoral lui servent de lieux de déportation, il a reporté sur la côte orientale, par la création de l'Etat libre de l'Est-Africain, son activité. Il y a établi des chemins de fer de pénétration, des lignes télégraphiques le reliant à Lisbonne, réalisé enfin des améliorations considérables qui font diminuer de jour en jour les sacrifices pécuniaires de la métropole et feront de ce pays, dans un avenir prochain, une belle et florissante colonie.

Quant à l'Allemagne, elle a voulu, elle aussi, posséder en Afrique un domaine colonial, et n'a marchandé pour y aboutir ni son temps ni son or. Mais, arrivant en retard sur les autres nations, et mal servie d'ailleurs par son génie national, elle n'a pu qu'établir sur les savanes désertes du Sud-Ouest-Africain une inutile domination, et créer dans l'Est-Africain de difficiles et peu prospères établissements, malgré les efforts tenaces et les expéditions sanglantes et cruelles du major Wissmann.

Seuls le Cameroun et le territoire de Togo, qui confine à notre Dahomey, offrent à la métropole des ressources appréciables.

Enfin l'Espagne, aux prises depuis de longues années avec de graves difficultés intérieures et extérieures, n'a pu songer à un établissement sérieux en Afrique, et la bande de sables du Tiris-el-Chaura forme seule, avec le territoire de Ceuta et les présidios marocains, son domaine continental africain.

Ainsi, entre les politiques coloniales des diverses nations européennes, de même qu'entre leurs procédés d'extensions territoriales et de colonisation intérieure, la différence est profonde.

D'un côté, des annexions brutales, des expéditions sanglantes se succédant sans relâche à travers la contrée soumise pour chercher à l'agrandir, et n'aboutissant qu'à la ruiner ; puis, le terrain chèrement conquis, une écrasante occupation militaire et, par dessus tout, un manque absolu d'intérêt pour les questions et les populations indigènes, confinées dans un dédain profond.

De l'autre côté, un agrandissement progressif des possessions obtenu par la seule influence morale, une administration respectant autant que possible les institutions du pays tout en le dotant de nombreux progrès, et arrivant ainsi, peu à peu et sans secousses, à lui faire subir une transformation complète.

Aussi, les résultats obtenus sont-ils déjà en raison directe des procédés mis en jeu, et des modifications incessantes, opérées au bénéfice des uns et au détriment des autres, sont le produit du système employé.

A l'heure actuelle, les zônes représentant les possessions immédiates ou les territoires soumis à l'influence effective de chaque nation se répartissent de la façon suivante :

France

Algérie	670.000	kil. carrés.
Tunisie	120.000	—
Sénégal, Soudan, Guinée, Côte d'Ivoire	2.510.000 (1)	—
Dahomey	50.000	—
Congo, Gabon	1.850 000	—
Obock	120.000	—
Madagascar et dépendances	590.000	—
Total	5.910.000	kil. car. (2)

Angleterre

Le Cap et Natal	560.000	kil. carrés.
Cie Sud-Africaine	1.680.000	—
Cie du Niger	810.000	—
Est - Africain	910.000	—
Zeïlah	150.000	—
Sierra-Leone	60.000	—
Côte - d'Or (Gold - Coast)	140.000	—
Gambie	15.000	—
Egypte	995.000	—
Total	5 310.000	kil. carrés.

(1) Dans ce chiffre ne sont pas compris les territoires du Sahara, que quelques auteurs indiquent comme étant compris dans la zône d'influence française, mais sur lesquels notre domination n'est encore ni matérielle ni morale.

(2) La superficie de la France est de 537,000 kilomètres carrés.

Belgique

Etat indépendant
du Congo. . . . 2.500.000 kil. carrés.

Allemagne

Cameroun. . . . 450.000 kil. carrés.
Est-Africain. . . 830.000 —
Sud-Ouest-Africain 780.000 —
Togo . . . . . . 50.000 —

Total. . . . . 2.110.000 kil. carrés.

Portugal

Etat Est-Africain. 660.000 kil. carrés.
Angola. . . . . . 1.190.000 —
Guinée. . . . . 30.000 —

Total. . . . . 1.880.000 kil. carrés.

Italie

Erythrée. . . . 150.000 kil. carrés.
Somal. . . . . . 280.000 —

Total. . . . . 430.000 kil. carrés.

Espagne

Tiris-el-Chaura. . 120.000 kil. carrés.

Ainsi, dans cette lutte ouverte entre les
diverses nations de l'Europe occidentale
pour la possession de l'Afrique, la France
tient incontestablement le premier rang,
non seulement par l'étendue de ses possessions, mais encore par le nombre et la

'variété de ses débouchés et des ressources qu'elles offrent à la métropole.

Il est consolant de penser que ces résultats ont été acquis sur beaucoup de points au prix d'efforts purement moraux, et que, si la force des armes a parfois décidé de la création de nouvelles colonies, nulle part elle n'a dû intervenir pour imposer aux populations vaincues le joug de la France et de ses institutions.

Notre pays, en prenant possession de ses vastes territoires africains, n'a apporté dans les plis de son drapeau que les bienfaits de la civilisation et les fruits du progrès.

C'est là un fait que ne peuvent ni nier ni imiter quelques nations rivales, et c'est à lui qu'il faut attribuer les succès soutenus de notre politique coloniale qui, après le relèvement national de la France, lui a donné un empire colonial qui la place de nouveau au premier rang des nations européennes.

Cette prépondérance africaine, non seulement notre patrie la gardera, mais elle la fera croître, il faut l'espérer, de plus en plus, avec l'aide des deux seuls alliés qu'il lui convienne d'avoir pour poursuivre ce but : le temps et la persévérance.

Achille DELAVAL.

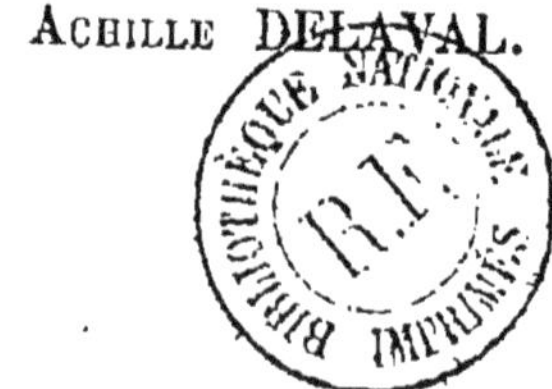

Nevers. — Imp. Générale L. Gourdet.

2/6.